LA BESTE TRANSFORMÉE EN MACHINE

Diviſée en deux Diſſertations prononcées à Amſterdam,

PAR

J. DARMANSON,

Dans ſes Conferences Philoſophiques.

Anima eorum in ſanguine. Levit. 17.

Suivant la Copie

IMPRIMÉE.

MDCLXXXIV.

APPROBATIO.

Facultas Theologica quæ est Franekeræ examinavit Tractatum Gallicum dictum La Bête Transformée en Machine, Conference premiere, nihil que in ea offendit, quod ulli Dogmati in formulis confessus expresso adversetur; quapropter edi potest convenienter Belgicarum Ecclesiarum legibus. Franekeræ Frisiorum x *Kal* VIII *Ann.* CIↃ IↃ C XXCIII.

Jussu Facultatis

J. V. WAEYEN,

S. S. T. D. & P. V. D. M. Acad. & Sereniss' Nassaviæ Principia Sanctioribus Consiliis.

PREMIERE CONFERENCE.

Les desordres de L'opinion commune qui admet dans la Bête une Ame capable de connoissance & de Passions.

JE vous demande excuse de ma liberté, Messieurs, si j'ay osé vous supplier de vouloir honnorer ce discours de vostre presence. Je vous prie d'estre persuadez que cette liberté n'est pas une production de ma vanité ; mais un effet de ma complaisance pour les Messieurs qui me font l'honneur d'assister à mes conferences privées. Ils ont jugé que celle-cy traittoit une matiere assez curieuse, assez importante & d'une maniere assez solide, pour meriter une attention publique, & quoy-qu'elle combattit les sentimens prêque de tous les hommes (en s'opposant à l'opinion commune touchant la connoissance & les passions qu'on attribuë aux Bêtes, & soutenant qu'elle sert de fondement aux erreurs les plus impiës & les plus libertines, & que toutes leurs operations ne se font pas des mouvemens purement mécaniques,) que ses Conclusions cependant ne manqueront pas d'attirer les applaudissemens de la pieté des sçavans, aussi bien que de leur raison ; appellant à son secours tout ce que la Theologie a de plus saint, & tout ce que la Philosophie à de plus clair, de plus solide & de plus demonstratif.

Je sçay que prêque tout le monde me dira d'abord qu'il est étonnant que l'erreur de ceux qui sont d'opinion contraire à la nostre ait attirè à son party la croiance de tous les siecles & le sentiment de tous les Grands hommes qui ont précedé Monsr. Descartes : Mais la durée, non plus que l'êtenduë de cette erreur ne sont pas plus dignes d'étonnement que le peché qui en est le principe : il a commencé prêque avec le monde, il a repandu sa contagion sur tous les hommes, & son infection & son Empire ne cesseront jamais, si long-

temps

temps qu'il y aura des hommes ſur la terre qui ſeront toûjours la proie pitoiable de ſa tyranie & de ſa violence.

Depuis le peché la verité n'eſt pas plus commune dans l'ordre des choſes ſpirituëlles que les piereries & les precieux mètaux dans l'ordre des ſubſtances corporelles ; on dit d'ordinaire que la nature en eſt avare ; elle ne nous les diſtribuë qu'en tres-petite quantité, encore aprés avoir exigé de nous des travaux inconcevables. Combien de temps ſommes nous demeurés dans l'ignorance du nouveau monde, qui eſt cependant un des plus riches païs de la Terre. Il eſt vray qu'un Philoſophe aſſura autre fois qu'il y avoit des Antipodes; mais ſon opinion ne ſubſiſta pas long-temps, elle fût étouffée dés ſa naiſſance, elle attira auſſi-toſt ſur elle les foudres du Vatican : Et les Papes qui ſe flattent orgueilleuſement du privilege d'infaillibilité, auſſi bien que de celuy de pouvoir preſcrire des loix à la croyance de tous les peuples, fulminerent Anathêthême contre tous ceuxqui oseroient adherer à ses sentimens. Mais si nous avons découvert la vanité de leurs titres orgueilleux avec la découverte de ce beau païs qui a si fort enrichi les nostres ; il est vray que nous ne le depouillons de ses thrésors qu'aux depends d'une infinité de travaux : Il nous faut exposer à la discretion des orages & des tempêtes, il nous faut descendre dans les entrailles de la terre avec des fatigues inconcevables, ensorte qu'elles ont déja couté la vie de plusieurs millions de personnes. Les perles qu'il nous fournit ne nous coûtent pas moins de peine, il faut les chercher dans le fond des eaux & dans les abîmes de la mer, en un mot tout ce qui est excellent est fort rare & coûte beaucoup *quod rarum carum*.

Cessons donc de nous étonner Messrs. si la verité qui est le diamant, la perle & l'or du monde spirituël est si rare & si difficile à dêcouvrir, & si une infinité de personnes suivent les routes de l'erreur, pendant qu'un tres-petit nom-

bre

bre de gens dêcouvrent le ſentier de la vérité dans les ſciences ſpèculatives auſſi bien que dans celles qui toûchent la morale. Eſt ce que celles-là, qui n'ont ſouvant que-la curioſité pour principe auront plus de privileges que celles-cy, deſquelles d'epend l'éternité de noſtre bon-heur ou de noſtre mal-heur ; ſi nous conſultons l'Euangile nous ſerons convaincus par l'infaillibilité de ſes Oracles, que le menſonge à bien plus de partiſans que la vérité n'a de ſectateurs ; que la voie que nous devons ſuivre pour la dêcouvrir eſt fort difficile & fort étroitte : que peu de perſonnes y entrent & qu'aucontraire, celle du menſonge eſtant fort ſpaciéuſe & fort aiſèe la plus part du monde la ſuivent aveuglement, attirez par les ſeuls attraits de la volupté & du plaiſir. Si nous remontons juſqu'à Moyſe, nous verrons encore la vérité bien plus maltraittée que du temps de Jeſus Chriſt ; Car elle eſtoit pour lors entierement banie de la terre & effacée du cœur des hommes, & pour l'y rêtablir

 il en

il en coûta beaucoup de peines & de travaux à ce Prophete : Il falut qu'il se separât de la foulle du peuple, qu'il montât sur le sommet d'une montagne d'un accés tres-difficile & qu'il se disposât par des prieres, des jeûnes & des macerations tres-rigoureuses à obtenir cette grace de Dieu.

C'est dans un estat semblable que nous avons trouvé la Philosophie, de nôtre temps ; car que devons nous attendre de celle qui établit pour principe de connoissances la plus corrompuë de toutes les maximes, en osant avancer, avec autant dassûrance que de fausseté, comme un premier principe connu par luy-même & incontestable, qu'il n'y a rien dans nôtre entendement, qui n'ait auparavant passé par nos sens : *nihil est in intellectu quod non præfuerit in sensu* : condamnant ainsi, nostre Esprit & toutes nos connoissances à une captivité honteuse sous la tyrannie des sens trompeurs. Les illusions & le danger de ce faux principe ont fait le sujet d'un

de

de mes entretiens, c'eſt pour quoyje n'en dis rien icy davantage. Ce n'eſt donc pas Mrs. en ſuivant la trouppe du commun des Philoſophes qui n'ont point d'autres raiſons pour nous engager à les ſuivre que l'ancienneté & le droit d'aineſſe qui ne peuvent nous prëſcrire aucun devoir dans les Sciences naturelles; mais en marchant ſur les pas du Reſtaurateur de la Philoſophie & du Genie de la Nature, je veux dire de Monſr. Deſcartes, qui s'eſt juſtement merité ces tîtres glorieux en ſe degageant de la foulle des opinions communes, & nous monſtrant les veritables ſentiers que nous devons ſuivre pour parvenir à l'heureuſe dêcouverte de la vérité. C'eſt dis-je ſur ſes principes que je prétends appuyer la vérité de ce diſcours & vous demonſtrer.

Premierement l'erreur & le danger de l'opinion commune qui admet une Ame dans les Beſtes capable de connoiſſance & de toutes les paſſions qu'elle leur attribuë.

 Secon-

Secondement établit la vérité des ſentimens contraires qui les prive de toute ſorte de connoiſſances & de paſſions & ne reconnoit point d'autre principe de toutes leurs operations ſelon que l'Ecriture Ste. nous leprêſcrit que les diverſes agitations de leur ſang, *Anima eorum in ſanguine*; Ce que je feray voir d'une maniere ſi évidente & ſi, Chrêtienne, que j'eſpere que vous accorderez ſans repugnance l'honneur de voſtre approbation aux Concluſions de cette Conferance.

PREMIERE PARTIE.

Danger de l'opinion Commune.

C'eſt un ſentiment ſi univerſellement receû parmy tous les Chrêtiens, que l'Exiſtance d'un Dieu ou d'un Eſtre infiniment parfait, & l'Immortalité de nôtre Ame ſont les fondemens ſi neceſſaires de la veritable Religion, que s'il ſe trouve quelque impie qui oſe en douter, il eſt avec beaucoup de raiſons en horreur à tout le monde, Car ce ſont les deux poles qui la ſoutiennent & ſur leſquels elle roule, d'où ſi l'un ou l'autre vient à échapper, Adieu tout eſt dans le deſordre & elle eſt dans un danger évident de ſa ruine. Ces véritez ſervent d'eguille & de gouvernail à ſa navigation; ſi elle vient à les perdre, elle eſt expoſée au gré des vents & des tempeſtes, elle ne peut plus ſe deffendre des rochers & des écueuils. & elle n'a plus devant les yeux que le desespoir d'un naufrage inévitable.

Pour donc reüssir dans le dessein que j'entreprend de ruïner l'opinion commune toûchant la connoissance des Bêtes, je ne puis me servir d'un moyen plus efficace qu'en demonstrant que cette erreur entraine après elle, par des consequances claires & evidentes, ces deux conclusions terrifiantes, & dont l'horreur est capable de faire trembler tous ceux qui ont quelque sentiment de piété.

La premiere est. Que si la Bête est capable de connoissance & de passions, il n'y a point de Dieu.

La seconde est, que si l'Ame de la Bête est mortelle, la nôtre n'est pas immortelle.

Ce n'est pas que l'on puisse conclure Mrs. que ceux qui sont de l'opinion commune touchant la connoissance des Bêtes puissent estre soubçonnez d'estre infectez de ces pernicieuses consequances car il y a bien de la difference entre

tre admettre un principe & estre fauteur de toutes les conclusions erronées que l'on en peut tirer : mais au reste la vérité n'est pas contraire à elle même, elle ne peut servir, de fondement au mensonge, & c'est un témoignage asseuré de la fausseté d'une opinion lors qu'elle nous entraine par des consequances necessaires dans l'abîme de l'impieté & dans le precipice des plus grandes erreurs.

La necessité de l'existence d'un Dieu & d'un Estre souverainement parfait à fait la matiere d'une de mes Conferances : je croy y avoir établi demonstrativement cette vérité par les liaisons necessaires que j'ay fait voir qu'elle avoit avec ces autres véritez incontestables

Que de rien on ne peut rien faire :
Qu'un effet doit avoir une cause qui le contienne formellement ou éminemment.

Entant que nous ne pouvons découvrir que dans Dieu même la cause de l'idée & de la Connoissance que nous en avons & qui est commune à toutes les substan-

ce

ces intelligentes comme je l'ay démontré ailleurs.

s'Il est donc véritable que Dieu soit un Estre qui possede necessairement dans un degré souverain toutes les perfections infinies, en sorte que l'on n'y peut rien diminuer n'y adjoûter sans le detruire, il faut conclure que l'opinion commune qui admet dans les Bêtes une Ame capable de connoissance & de toutes les passions qu'elle leur attribuë, nous faisant

* Premierement un Dieu sans un amour & sans un Zele infiny de sa Gloire.

Secondement un Dieu inconstant & sans sagesse.

Troisiemement un Dieu cruel & sans justice.

Détruit par consequant cet Estre infiny c'est ce qu'il faut vous faire voir.

C'est un sentiment commun à la Philosophie comme à la Theologie : *Que Dieu se connoist & s'aime infiniment* par

* Subdivision du premiere membre.

par la necessité de son Estre. C'est là le fondement de tous nos mysteres, je veux dire, de celuy de l'adorable Trinité, de l'Incarnation du Verbe, de la Création du monde & de l'economie de toute la Religion.

l'Entendement de Dieu est d'une capacité infinie, il doit necessairement avoir un objet proportionné à l'inmensité de cette étenduë; Il ne peut rien trouver hors de ses propres perfections qui puisse y répondre: & entant qu'il les considere: il en engendre necessairement un térme subsistant, un fils un verbe & une personne en tout semblable à luy-même.

Ce Dieu en toutes choses infini; ayant une volonté d'une étenduë qui n'est pas moins vaste que son Entendement: il n'y a que son fils qui puisse fournier un digne exercice à la capacité infinie de son amour & en remplir l'etenduë, puis qu'il est l'Image achevée, le miroir éclatant & la splendeur Eternelle de ses perfections infinies:

nies : * Et entant que ce fils bien aimé aime également celuy de qui il reçoit l'Excellence de son Estre, De cet Amour reciproque de ces deux Adorables personnes, il procede aussy necessairement un troisieme terme subsistant & un St. Esprit qui par sa procession divine sert de complement à cet adorable mystere.

Il est donc aussi necessaire que Dieu se connoisse & s'aime infiniment, qu'il est necessaire quil y ait trois Personnes en Dieu que les termes subsistans de cette Connoissance & de cet Amour.

Il est donc evident, par une necessité de consequance aussi infaillible que son principe, qu'il ne peut avoir d'autre objet de ses operations, que celuy de sa propre Gloire. C'est aussi-là le motif de tous ses desseins & qui donne le branle à tous les ouvrages : C'est pourquoy voulant se procurer un honneur parfaitement digne de sa Grandeur, je veux dire une Gloire infinie, & consultant sa sagesse sur l'accomplissement de ses

* procession du St. Esprit.

ſes deſirs : cette Divine ſageſſe remplie d'amour pour celuy dont elle reçoit l'Eſtre par une Génération Eternelle, ne voyant rien dans toutes les Creatures poſſibles, dont elle renferme toutes les idées intelligibles qui ſoit digne de la Majeſté de ſon Pere, s'offre elle-même pour établir en ſon honneur un culte Eternel, & comme Souverain preſtre luy offre une victime qui par la dignité infinie de ſa perſonne eſt capable de ſatisfaire aux inclinations de ſa Gloire. Mais comme l'abaiſſement eſt contraire à ſa nature, eſtant en tout eſgal à ſon Pere, il a beſoin de s'unir à une créature pour accomplir ce grand ouvrage qu'il prepare à ſa gloire : Voila Mrs. le veritable motif qui l'oblige à créer le monde & à le tirer des abimes du néant. C'eſt auſſi pour cette raiſon que Jeſus-Chriſt, quoy que né dans la plenitude des temps eſt cependant appellé l'ainé des créatures ; & ſi ce monde a eſté crée long temps auparavant ſa génération temporelle, c'eſt que Dieu devoit prêpa-

prêparer un Temple à l'immolation de cette sacrée victime, & ce n'est qu'en veuë de la gloire infinie qui luy en reviendra qu'il se determine à créer ce grand ouvrage: car quoy qu'il soit fort admirable en luy-même, si vous le separez de Jesus-Christ, il ne peut répondre à la Majesté de l'action qui le produit: Car c'est l'action d'un Dieu, son merite est donc par consequant d'une dignité infinie: Mais si vous joignez Jesus-Christ à son Eglise & l'Eglise au reste du monde dont elle est tirée, vous eleverez pour lors à la grandeur de Dieu un Temple digne de la Majesté de son Auteur.

Ayant ainsi établi sur des principes si saincts & si sacrez la grandeur de l'amour que Dieu à pour luy-même & le zele de son honneur & de sa Gloire: il est facile de faire paroistre le desordre de l'opinion commune qui admet dans les Bestes une Ame capable de connoissance & d'amour. Elle dit, par exemple, qu'un chien connoit son maitre, qu'il qu'il aime ſon maitre, qu'il aime le boire, le manger & tout ce qui peut ſervir à ſa conſervation & cependant cette Ame capable de connoiſſance & d'amour, ne connoiſt pas ſon Dieu, elle n'aime pas ſon Dieu.

Ou bien cette Ame eſt dans l'ordre ou bien elle eſt dans le deſordre: elle n'eſt pas dans le deſordre puis qu'elle eſt telle qu'elle eſt ſortie des mains de Dieu, donc elle eſt dans l'ordre; donc Dieu la diſpenſe des loix de ſa connoiſſance & de ſon amour, donc Dieu ne s'aime pas neceſſairement d'un amour infini, & n'a pas un Zele infini de ſa gloire qui ne luy permettroit pas de telle diſpenſe: pouſſons ce raiſonnement & faiſons en voir l'evidence.

C'eſt le ſentiment commun de toute la Théologie fondée ſur les principes que j'ay établis cy-deſſus, que Dieu ne peut nous permettre le peché non plus que nous diſpenſer des loix de ſon amour? Mais qu'eſt-ce que le peché, ce n'eſt rien autre choſe que l'amour de

la

la creature à l'exclusion de l'amour du Createur : *Est aversio à Deo & conversio ad Creaturam* : Ou selon St. Augustin, le peché est le desordre que nous commettons lors que nous voulons établir nostre felicité & nostre bonheur dans la possession des creatures qui ne doivent nous servir que pour nous conduire à Dieu, & nous servir de Dieu tout au contraire pour parvenir à la possession des creatures, *Est uti fruendis & frui utendis.* Vous appercevez sans doute, Mrs. que l'opinion commune veut que Dieu permette à la Beste innocente tout ce qu'il est obligé de nous deffendre par la necessité des loix de son amour : Il leur est permy de ne rechercher que la creature, de n'aimer que leur corps & tout ce qui sert à son avantage ; il leur est permis de n'aimer que le boire, le manger, le dormir & de ne craindre que ce qui peut les en priver ; enfin il leur est permy de faire servir Dieu à leurs plaisirs & à la passion qu'ils ont de parvenir à la joüissance des

crea-

creatures & d'y constituer toute leur felicité & leur bonheur, ce qui fait cependant tout le desordre de la creature raisonnable; *peccatum est uti fruendis & frui utendis*; Les créatures doivent nous servir de moyens pour parvenir à la possession du Createur, & nous nous servons du Createur tout au contraire pour nous acquerir la possession des creatures, voila le peché, voila le desordre, *peccatum est uti fruendis & frui utendis*; Ces loix ne sont point pour la Beste, elle peut se soumettre innocemment à la loy de ses membres que St. Paul dêtestoit dans les siens, & qui luy faisoit dire en gemissant, je ressens une loy dans mes membres qui s'oppose à la loy de mon Esprit & qui fait effort pour me rendre esclave sous la Tirannie du peché On peut dire d'elles dans l'estat de leur innocence ce que l'Ecriture repoche aux impies & aux libertins dans leurs debauches qu'ils font leur Dieu de leur vente, *quorum Deus venter est*.

Si cela est véritable, Mrs. il faut

dire adieu à toutes les raisons dont l'Eglise s'est toûjours serviё pour prouver le peché originel; la corruption de la nature par la concupiscence & la necessité d'un Mediateur, puis qu'il se peut faire que nôtre nature n'est pas dans le desordre, Dieu ayant pu la créer en l'estat où nous la voions : Donc Dieu peut nous dispenser des loix de son amour & nous permettre le peché; Donc il ne s'aime pas necessairement d'un amour infini qui ne luy permettroit pas cette dispense; Donc le Mystere de la Trinité fondé sur ce principe, n'est qu'illusion & phantome; Donc Jesus-Christ peut passer pour un imposteur, & l'Ecriture saincte pour un paradoxe? Ah sans doute que ces consequances tirées necessairement de l'opinion commune touchant la connoissance des Bestes vous font horreur, ayez donc horreur de leur principe qui vous y entraine par des consequances necessaires.

Je m'apperçois bien de la réponse que l'on nous fera aussitost; on nous dira ra ſans-doute que nous allons trop vîte & qu'il y a bien de la difference entre l'ame d'un homme & celle, d'une Bête, que celle d'un homme eſt d'une capacité bien plus vaſte & plus étenduë, qu'elle a eſté créez à l'image de Dieu, capable de le connoître, de l'aimer & de le poſſeder; mais que l'ame de la bête ne luy à eſté donnée que pour veiller au gouvernement & à la conſervation de ſon corps, c'eſt pourquoy elle eſt mortelle & périt avec celuy pour la ſéule conſervation duquel elle ſubſiſtoit. C'eſt icy où je les attends, Meſſieurs *Abiſſus abiſſum invocat*, un Abime appelle un autre abime à ſon ſecours, ſe voulant tirer d'un precipice, ils retombent neceſſairement dans un autre: ils veulent par cette réponſe reſtituer à Dieu l'amour & la gloire qu'ils luy ont ôtée, & ils luy dérobent ſa ſageſſe infinie qui éclatte d'une maniere admirable dans le gouvernement des creatures, en y introduiſant le plus grand de tous les deſordres.

Ils tombent d'accord que l'Ame d'une Bête est plus noble que le corps qu'elle anime, & ils ont raison, supposé qu'elle en ait une, & St. Augustin a sujet d'avancer comme il fait dans plusieurs endroits de ses ouvrages, que l'Ame de la moindre de toutes les Bêtes est plus excellente que le plus noble de tous les corps, puis que la raison démontré que le corps ne peut n'y connoître ny aimer, & que la douleur, la joye, la tristesse ne peuvent estre des modifications des corps. L'Ame d'une Bête qui est susceptible de connoissance d'amour, de haine de joye, de tristeste, de plaisir, de douleur, n'est donc point un corps: mais une substance plus noble que le corps qu'elle anime; elle n'est cependant crée que pour son corps; Dieu par consequant introduit le desordre dans la nature, en faisant le plus noble pour le moins noble, l'ame d'une Bête, selon leur sentiment n'ayant point d'autre fin, n'y d'autre felicité, que la joüissance des plaisirs du corps avec lequel elle périt & eſt annéantie.

Je voudrois bien ſçavoir quel ſentiment ces Mrs. auroient de la conduitte de Dieu, ſi dans la premiere inſtitution des choſes & avant le dereglement de la nature humaine par le peché, il avoit ſoûmis l'homme à la Bête avec autant de dependance, qu'ils veullent que l'ame d'une Bête en ait pour ſon corps, enſorte, qu'une Bête venant à mourir, l'homme qui auroit eſté deſtiné à ſa conſervation & à ſon ſervice periroit en même temps & ſeroit annéanti, comme on veut que l'ame d'une Bête le ſoit lors que ſon corps vient à mourir. Sans doute qu'ils n'approuveroient pas cette conduitte, & ce ne ſeroit pas ſans fondement qu'ils reprocheroient à Dieu, qu'une diſpoſition ſemblable peche contre les loix d'une ſageſſe infinie: Mais qu'ils prennent garde que la diſtance qu'il y a entre la dignité de l'ame d'une Bête & la baſſeſſe de ſon corps, eſt bien plus conſiderable que celle qui se retrouve entre l'homme & la Bête puis qu'ils avoüent qu'il y a beaucoup de rapport entre l'ame des Bêtes. & celle des hommes, mais entre une ame & un corps il n'y en a aucun, comme je le feray voir plus bas; & ainsi la sagesse de Dieu ne seroit pas moins répréhensible en faisant dependre l'ame d'une Bête de son corps, qu'en soumettant l'homme dans l'état d'innocence à l'ame d'une Bête.

s'Il estoit véritable qu'une Bête eut une Ame qui dependît entierement de son corps, il se pourroit faire que les Pelagiens auroient eu raison de soutenir que la nature n'est pas corrompuë par le peché, que la concupiscence qui soumet nôtre Esprit à nôtre corps est naturelle, qu'il n'y a point de peché originel, & que nous pouvons par consequant couller une vie licentieuse & libertine, dans les plaisirs & les delices, & renverser ainsi tout le dessein de l'Evangile qui est d'établir une vie mortifiée & penitente, & desarmer ainsi l'E-

glise

glise de la plus puissante de toutes les raisons qu'elle apporte pour prouver la propagation du peché originel & la necessité d'un Mediateur entre Dieu & les hommes, puis qu'elle l'emprunte de cette doctrine? quoi qu'elle ait toûjours esté efficace dans la bouche & dans les écrits de St. Augustin pour triompher de ces Hérétiques & de tous leurs Sectateurs.

Et que l'on ne nous dise point pour guérir ces desordres, que l'on introduit dans la nature en admettant une Ame dans les Bêtes. Que tout les animaux ont esté créez pour l'homme qui est beaucoup plus excellent, & que Dieu ne leur a donné une Ame qu'entant qu'elles ont rapport à luy. Cette pensée dans le sens qu'on luy donne est ridicule, & ne peut partir que d'un grand fond d'ignorance ou de vanité? Ne sçait on pas qu'il y a un grand nombre d'animaux qui ne nous rendent aucun service, & qui par leur petitesse se derobent entierement à nôtre veuë, & qu'il y en a beaucoup plus de cette nature que d'autres.

Mais je veux que tous les animaux ayent esté créez pour l'homme, est-il absolument necessaire de leur donner une Ame pour en pouvoir tirer du service? Si j'ay besoin d'un Cheval pour me porter ou pour labourer la terre, ce n'est pas son Ame qui me porte, n'y qui laboure c'est son corps; si je mange d'un chapon, ce n'est pas son ame qui me nourrit c'est son corps; si donc les animaux peuvent faire toutes ces choses sans Ame, comme nous le montrerons cy-aprés, à quoy bon leur en donner une, *frustra fit per plura quod potest fieri per pauciora*; car il est de la sagesse de Dieu de ne rien faire d'inutile dans la nature, & de ne pas sacrifier au service du corps de l'homme les Ames d'une infinité d'animaux, qui sont beaucoup plus excellentes que les plus nobles de tous les corps.

Ce seroit faire injure à la puissance infinie de Dieu, de luy disputer le pouvoir

voir de créer des Bêtes sans Ame qui cependant agiront de la même maniere que les autres à qui l'on veut en donner : il est certain qu'il agiroit pour lors d'une maniere plus simple & par consequent plus conforme à sa sagesse infinie. Nous pouvons donc conclure qu'il les a toutes faites de la sorte n'ayant aucun fondement raisonnable de croire qu'il leur ait donné une Ame; tout ce que l'on en dit n'estant fondé que sur de faux préjugez; Que diriez vous d'une personne qui n'ayant aucun autre dessein que d'aller d'icy à Paris passeroit par le Dannemarck s'eloigneroit ainsi de trois à quatre cens Lieuës de son droit chemin ; D'une personne qui n'ayant besoin que de trois à quatre aûnes d'etoffe pour se faire un habit, en emploieroit 9 ou 10. & dont la superfluité ne feroit que l'ambarasser & le faire passer pour ridicule. L'on fait agir Dieu d'une maniere aussi deraisonnable, quand on veut qu'il ait donné une Ame aux Bêtes pour mouvoir leur corps qui ne sert quà émpecher la facilité que té que nous avons de rendre raison de toutes leurs operations sans avoir recours à autre chose qu'aux diverses agitations de leur sang.

Le système de Ptolomée à paru deraisonnable à ceux qui ont honnoré mes Conferences Physiques de leur presance; leur faisant voir que cet Astronome pour ne donner aucune atteinte au repos de la Terre qu'il luy plaît de placer au centre du monde, rendant cependant raison de la vicissitude & de la difference des jours & des nuits, des climats, des saisons & des diverses apparences des Astres, il nous fait une supposition qui non seulement est contraire à l'experience ; mais qui detruit Necessairement par elle même tout ce qu'il prétend établir. Il suppose des Cieux de libration & de Trépidation ; que le premier quoy que d'une etenduë si énorme que la Terre à son égard n'est qu'un point, acheve cependant en 24 heures son cours autours de cette Terre d'Orient en Occident, emportant avec soy

par

par la rapidité d'un mouvement épouvantable toutes les ſpheres inferieures, excepté celles des planettes, leſquelles quoy que beaucoup moindres en mouvement & en grandeur, ſe meuvent d'Occident en Orient, & que noſtre Terre demeure immobile au milieu de tous ces mouvemens quoy qu'environnée de tous côtez par un Element tres-fluide qui doit neceſſairement ſuivre le cours de la matiere ſuperieure: Et tout cela ſans en pouvoir donner aucune raiſon, enſorte qu'il eſt obligé d'avoir recours à des Intelligences, deſquelles il n'a pas ſans-doute mieux compris la nature que celle du mouvement, & dont les regles tres-ſimples combatent entierement ce ſyſteme.

L'on agit d'une maniere auſſi ridicule que ce Philoſophe lors que pour expliquer les actions & les mouvemens des Bêtes, on a recours à une à laquelle nous n'accorderons jamais le pouvoir de mouvoir un corps par elle même, ſi nous en comprenons bien la nature, aussi bien que celle du corps, & il est bien plus difficile d'expliquer commênt un corps se meut par le moyen d'une Ame, que de l'expliquer séparement de cette Ame.

Sans-doute que le systeme duquel nous nous sommes servi pour expliquer la formation du monde, des Cieux de la Terre, des Astres, de leurs mouvemens, & de tous les Phénomenes de la nature vous a paru beaucoup plus raisonnable que l'ancien, parce qu'il est beaucoup plus simple, plus intelligible, & plus facile, & par consequant plus conforme à la sagesse infinie de Dieu qui la crée, & qui est d'autant plus admirable, que par des moyens plus simples, Elle fait des choses plus merveilleuses.

Pourquoy donc voulons-nous que Dieu pour faire mouvoir un corps qui peut facilement se mouvoir par luy-même, luy ait donné une Ame, qu'il sera obligé de dêtruire & d'anéantir avec la destruction de son corps, pourroit le faire accuser d'inconstance, les lumieres

res de la ſageſſe ne luy permettant pas de ſemblables annéantiſſemens ; auſſi bien que d'injuſtice & de cruauté, ſi l'opinion commune eſtoit véritable, qui veut que les Bèſtes ſoient capable de douleur.

Sans-doute que l'on n'a pas bien examiné n'y compris les ſuittes, ny les conſequances de ce grand principe de Théologie :

> Que ſous un Dieu Juſte, perſonne ne peut eſtre miſerable ſans l'avoir merité.

C'eſt ſur ce fondement inébranlable que-l'on établit la vérité de quelques-uns des principaux Myſteres de la Religion ; mais qui tombent abſolument en ruïne, ſi la Bête eſt capable de douleur ; puiſque cette opinion entraine neceſſairement aprés ſoy, la fauſſeté de ce principe. Car ſi elles ſont capables de douleur, elles peuvent eſtre malheureuſes & elles ſont inégalement malheureuſes quoyqu'elles ſoient également innocentes, puiſque n'ayant point de liberté, elles ne peuvent en faire un mau-

mauvais uſage. Encore trouveroit-on le moyen d'exemter Dieu de cruauté & d'injuſtice à leur égard, ſi elles avoient quelque recompenſe à attendre aprés leur mort, pour les maux qu'elles auroient ſouffert en cette vie. Mais Helas ! La mort ferme la porte à toutes leurs eſperances, les privant de la vie de leur Ame auſſi bien que de celle de leur corps. Elles y perdent toutes choſes, malgré toute leur innocence, les peines & les travaux qu'elles ont enduré pendant tous les momens de leur vie? Ah, mon Dieu ! que ces ſentimens ſont cruels & deraiſonnables. ô qu'ils ſont injurieux à voſtre juſtice & à vôſtre bonté infinie ! qu'ils vous deplaiſent dans le cœur de ceux que vous comblez à tous momens de vos bien faits, & à qui par les pures effets d'une bonté gratuite & d'uue miſericorde infinie vous promettez la poſſeſſion de la Gloire, quoy que par l'enormité de leurs pechez, ils meriteroient de reſſentir les derniers rigueurs de vôtre colere ! Y en auroit-il d'aſſez injuſtes &

d'aſſez

d'assez deraisonnables pour me répondre que Dieu peut faire à la Bête tout ce qu'il luy plaira pourveu qu'à l'égard de l'homme il observe les loix de sa justice : mais qu'ils sçachent que Dieu doit rendre justice à toutes ses creatures, & qu'il n'y a que celles qui sont capables de devenir criminelles, qui puissent estre malheureuses.

L'injustice de leur réponse qui ne peut partir que d'un grand fond d'orgueuil qui les enyvre d'un haut sentiment deux-mêmes par un si grand mépris des autres créatures, paroîtra mieux dans son jour & leur deviendra sensible si nous faisons cette supposition : Que nous nous fussions toûjours conservé dans nôtre innocence, que cependant Dieu ne nous eut donné qu'une Ame mortelle qui dependit de la vie de nôtre corps, & qu'il nous eut abandonné à la tyrannie des passions d'autres hommes pecheurs comme nous somnes, ensorte que nous fussions exposez à la discretion de leur colere comme les Bêtes le sont à la tyrannie de la nôtre, & qu'apres avoir employé tous les momens de nôtre vie à leur ſervice avec des travaux extrêmes, nous n'euſſions rien à eſperer pour toute recompenſe qu'une mort cruelle pour ſatisfaire aux dereglemens de leurs appetits & de leur gourmandiſe.

Quel ſentiment aurions-nous de la conduitte de Dieu à nôtre égard? Ah! ſans-doute que nôtre cœur ſe ſentiroit dans de continuels trans-ports de colere & de blaſpheme contre l'auteur d'une diſpoſition ſi cruelle, & au lieu de le benir & de le glorifier pour nous avoir donné l'être, l'exaltation de ſa gloire eſtant ſon unique deſſein dans la formation des creatures, nous maudirions à tout moment l'heure qu'il nous auroit tiré du néant, & la puiſſance de celuy qui ne nous y auroit pas laiſſé: Nous luy demanderions avec raiſon, où eſt ſa juſtice qui ne recompenſeroit que de tyrannie & de cruauté nôtre innocence, pendant qu'il combleroit de miſericorde & de bien faits ces criminels dans leur ma-

lice

lice : ſçachons que voila les juſtes reproches que les Bêtes peuvent faire à Dieu, ſi le ſentiment commun eſt véritable, qui leur attribuë une Ame capable de connoiſſance & de douleur, puiſque Dieu doit rendre juſtice à toutes les Creatures.

Ne tombez vous pas donc à preſent d'accord, Mrs. que cette opinion renverſe le premier & le principal fondement de la Religion, en ruïnant l'exiſtence de Dieu, puiſqu'elle détruit la perfection de ſes attribuits en nous faiſant. 1. Un Dieu ſans Amour & ſans un Zele infini de ſa Gloire. 2. Un Dieu ſans ordre & ſans ſageſſe. 3. un Dieu cruel & ſans juſtice, ce que je vous ay démontré; Mais encore en ruïnant l'immorralitê de nôtre Ame qui en eſt le ſecond fondement : c'eſt ce qu'il faut encore prouver.

Pour l'intelligence parfaite de ce que nous avons à dire, Mrs. il eſt à propos de conſiderer que l'Immortalité peut eſtre priſe en deux manieres : ou bien

bien pour un privilege qui nous exemte de pouvoir eſtre entierement anneantis, ou bien pour celuy de ne pouvoir changer la diſpoſition de nôtre Eſtre, par le changement de la diſpoſition des parties qui le compoſent.

On peut aſſurer que nôtre Ame eſt immortelle en ces deux manieres, premierement entant qu'elle ne peut pas eſtre entierement annéantie; ſecondement entant que ſa forme ne peut pas périr par le changement de la diſpoſition & de la configuration de ſes parties, puiſqu'elle n'en a point.

l'Immortalité priſe au premier ſens luy eſt commune avec toutes les ſubſtances, tant ſpirituelles que materielles: Mais la ſeconde luy eſt ſpéciale avec les ſubſtances ſpirituelles, & il n'y a qu'elles qui joüiſſent de ce privilege.

Nous avons deux voyes pour prouver que toutes les ſubſtances ſont indefectibles c'eſt à dire qu'elles ne ſeront jamais annéanties & qu'elles ſubſiſteront éternellement.

nellement. La premiere se prend du côté de la sagesse de l'Auteur qui leur a donné l'Estre, & les à tiré du néant, laquelle estant infinie, ne soufire pas de semblables changemens.

Celuy qui bâtit un edifice & le jette par terre pour le retablir decouvre son ignorance; Celuy que arrache les arbres qu'il a plantés aussitost qu'ils ont pris racine, montre sa legereté, parce que celuy qui veut & ne veut plus, manque de lumiere & de fermeté d'Esprit. Mais la sagesse infinie de Dieu ne souffre n'y caprice ny ignorance, ce qu'il a voulu, il le veut encore & le voudra toûjours, & ainsi aucune substance ne sera jamais anéantie, elles subsisteront toutes éternellement.

Une autre preuve tres-évidente & nouvelle de l'Immortalité de toutes les substances est que leur existence ne dépend point de leur mode n'y de leur maniere; Car il est de la nature d'un accident & de la maniere d'une chose de pouvoir en estre separé sans emporter

aprés

aprés ſoy la deſtruction & l'annéantiſſiment du ſujet auquel il eſt attaché, *Accidens eſt id quod poteſt adeſſe & abeſſe à ſubjecto abſque ſubjecti interitu*: Changez la figure d'un corps & de rond faites le quarré; que celuy qui eſt mouvement ſoit mis en repos, ou bien que celuy qui eſt en repos, ſoit mis en mouvement, tous ces changemens ne cauſeront jamais l'annéantiſſement de ces ſubſtances. Le temps & la Durée des creatures, Meſſieurs eſt un accident à leur égard & dont l'union ou la ſéparation ne peuvent par conſequant leur en ôter le privilege de l'indefectibilité, ny de l'exiſtence: Mais ſuppoſons que le temps & la durée ſoient ſeparez de toutes les ſubſtances, ce qui n'eſt pas impoſſible à Dieu, que deviendront-elles ſans-doute qu'elles n'auront plus qu'un inſtant & un point indiviſible d'exiſtence, dans lequel il eſt impoſſible de trouver l'être & le non être: Et ainſi toutes les ſubſtances tant ſpirituelles que materielles ſubſiſteront Eternellement

&

& ne peuvent estre annéanties, Dieu leur ayant donné un être indefectible par luy-même; sa sagesse infinie s'opposant encore à cette destruction. Cette pensée estant extraordinaire merite bien d'être traittée aillieurs avec plus d'etenduë pour les consequances avantageuses que l'on en peut tirer en faveur de la véritable Religion. Elle détruit efficacement la doctrine de la Religion Romaine touchant la transsubstantiation du Pain au corps de Jesu-Christ par voië d'annéantissement du pain, comme l'explique l'Ange de leur Théologie Thomas d'Aquin, ce qui fait cependant le capital de leur séparation d'avec nous.

Non, Mrs., nous n'avons pas encore eu l'experience, de l'annèantissement d'aucune créature & nous n'en aurons jamais. Il est vray que nous avons veù des changemens tres-considerables dans la nature, & que nous en verrons encore; *Erûnt signa in Sole & Luna & stellis*; mais n'en craignons pas l'anné-

antis-

antissement d'aucune substance. Je tombe d'accord contre le sentiment d'Aristote & de toute son Ecole, que les Cieux sont corruptibles. C'est assez pour appuier ma pensée, que nous ayons l'experience que le Soleil s'est quelquefois si fort obscurci par le moyen des taches qui s'estoient formées sur sa surface, que nous avions sujet de craindre que nôtre Terre & toutes les autres Planettes qui empruntent de luy leur lumiere ne demeurassent dans de continuelles tenebres, si ces macules se fussent augmentées & affermiës : Et je puis facilement concevoir comme avec un peu de changement dans la matiere du Soleil & dans le mouvement qui l'agite, il peut devenir une Terre, & comme la terre toute au contraire avec toutes les autres planettes peuvent devenir des Etoilles, comme la terre en perdant une partie du mouvement de la matiere qui l'environne peut estre poussée vers le centre de son Ciel ou se retrou ve le Soleil, & absorbée dans cet Ocean de flammes estre

dissi-

dissipée en un moment par la rapidité du cours de la matiere qui le compose Ou bien si elle vient à acquerir un nouveau degré de mouvement comme elle peut monter plus haut & ayant à la rencontre quelques autres planettes, souffrir par leur choc de changemens tres-considerables ; comme aussi elle peut prendre un cours errant & irregulier semblable à celuy des Cometes, qui probablement ne sont pas fort differentes de nôtre Terre quant à la matiere, qui les compose. C'est ce que l'on peut faire comprendré d'une maniere tres-nette & tres-facile : Mais pour l'anéantissement d'aucune substance, cela passe la pénétration de mon Esprit, & j'avouë que je trouve plus de difficulté & d'implicance à le concevoir, qu'à comprendre une montagne sans vallée: Car je ne dois pas refuser à la puissance de Dieu ce qui ne me paroist pas contraire à la sagesse, comme l'anéantissement des substances, outre que ce changement ne seroit pas si grand, ne se faisant qu'au regard des accidens

dens de la matiere ; que feroit celuy qui arriveroit par la deftruction totale d'une fubftance.

C'eft en cette premiere maniere que nous difons que nôtre Ame & toutes les autres fubftances font immortelles, eftant indefectibles en leur fubftance.

Mais l'immortalité prife dans le fecond fens, eft particuliere à l'ame & aux autres fubftances fpirituelles entant qu'elles font degagées de la matiere, & qu'elles ne font point compofées de parties, & qu'ainfy elles ne peuvent perir par le moyen de leurs feparations, comme les corps & par la ceffation du mouvement qui leur donnoit la vie.

Si nous faifons la moindre attention à ce qui fe paffe dans nôtre Ame, nous ferons convaincus qu'elle n'eft point un corps, qu'elle en eft entierement féparée, & que par confequant la deftruction de nôtre Corps n'emporte point la deftruction de nôtre Ame, & qu'elle ne donne aucune atteinte à fon existence.

Nous

Nous ſçavons parfaitement ce que c'eſt que nôtre ame ; nous ne pouvons douter que ce ne ſoit une ſubſtance qui penſe (c'eſt la premiere & la plus certaine de toutes nos connoiſſances & le principe de la certitude de toutes les autres.)

Nous ſommes interieurement perſuadez par autant d'experiences quil y à de momens en nôtre vie, qu'elle a le pouvoir d'appercevoir les objets & d'en former des idées, qu'elle affirme, qu'elle nie, qu'elle doute, qu'elle aime, qu'elle hait, qu'elle craint, qu'elle à de la joye, de la triſteſſe, du plaiſir, de la douleur : C'eſt ce que perſonne ne peut nier ſans faire violence aux lumieres qui le pénétrent & qui ſont plus évidentes que celles du Soleil en ſon midy.

L'idée que nous avons de la ſubſtance corporelle eſt bien differente de celle-là, Mrs., qui ne nous repreſente qu'une choſe étenduë en longueur, largeur & profondeur, diviſible capable de mouvement & de repos, & de toute ſorte d'arrangement & de configurations dans toutes les parties qui la compoſent.

Mais faiſons apreſent comparaiſon de ces deux ſubſtances, & voyons quel rapport elles auront entre elles. Une ſubſtance qui penſe, peut-elle eſtre une ſubſtance étenduë? ou bien une ſubſtance ètenduë, peut-elle eſtre une ſubſtance qui penſe & acquerir le pouvoir de penſer? la figure ronde ou quarrée d'un corps peut-elle eſtre un doute, une affirmation ou une négation le mouvement & le repos d'un corps peuvent-ils eſtre une paſſion d'amour ou de triſteſſe, de plaiſir ou de douleur, de génerοſité ou de crainte: C'eſt ce qu'une perſonne de bon ſens n'accordera jamais.

Ce qui penſe en nous n'eſtant donc ny étendu ny diviſibles, ny rond, ny quarré, ny grand, ny petit, ny en mouvement, ny en repos: Et tout au contraire noſtre corps n'eſtant pas capable de penſer, ny par conſequant d'amour, ny de crainte, de joye ny de triſteſſe,

stesse, de plaisir ny de douleur, ces passions ne pouvant estre que des pensées & des modifications de nôtre ame: Il est demonstratif que ce qui pense en nous, est entierement distingué de nôtre corps, & que par consequant nôtre ame peut subsister séparément de luy, toutes les propriétez qui se retrouvent dans ces Deux substances n'ayant aucun rapport entre elles & estant entierement diverses: Et qu'ainsi la destruction de l'un n'emporte point la destruction de l'autre, & que la mort de nôtre corps ne donne aucune atteinte à la vie de nôtre ame, qu'il peut estre détruit, non par l'anéantissement, cela estant impossible, mais en la maniere que nous disons, qu'un horloge est detruit lors que les rouës en sont rompuës, la matiere demeurant toujours dans la nature sans que l'ame qui n'est point composée de parties, puisse en ressentir les effets par la destruction de sa substance.

Cette preuve, Mess. de l'Immortalité de nostre Ame desarme sans con-

 tredit

tredit tout ce qu'il y a jamais eu de libertins qui ont osé la nier. Il faut cependant accorder, que si nous admettons dans les Bêtes le moindre degré dec onnoissance de joye, de tristesse, deplaisir de douleur, de haine & d'amour, & de toutes les autres passions qu'on leur attribuë : il faut leur accorder une Ame qui soit le sujet de toutes ces operations & qui soit entierement distinguée de leur corps, qui n'en est aucunement capable : Mais si elle est mortelle comme l'opinion commune l'accorde, nous sommes necessairement obligez d'avoüer que la nôtre l'est aussi ; car celle des Bêtes ne pouvant estre composée de parties étenduës, non plus que la nôtre, elle ne peut perir que par l'anéantissement, dont les substances spirituelles peuvent estre naturellement detruittes ; donc la nostre peut périr par cette voyë & nous n'avons plus de preuves pour en appuyer l'immortalité. C'est en quoy, Mess. sa condition seroit pire que celle du corps, qui ne périt que par la sepa-

ſeparation de ſes parties, eſtant immortel dans ſa ſubſtance au premier ſens que nous avons expliqué l'immortalité.

Sans-doute que vous accorderez a preſent Meſſieurs que cette opinion quoyqu'univerſelle deſarme la Religion de ſes principes, qu'elle en ruïne les fondemens, & que ſi cette erreur ſubſiſtoit avec toute ſa ſuitte des conſequances démonſtratives que l'on en peut tirer, la Religion ne ſeroit plus qu'un Phantôme & une Chimêre.

Vous avoüerez donc avec l'Ecriture, Meſſieurs, que la Bête n'a point d'autre ame que les diverſes agitations de ſon ſang, *Anima eorum in ſanguine*, & vous ne refuſerez pas apreſent un ſens litteral à ce paſſage, puiſque nous ne le devons jamais faire que lors qu'il emporte avec ſoy quelque conſequance contraire à la foy orthodoxe. Aquoy bon donc avoir recours à des ſens allegoriques pour expliquer celuy-cy, puiſque le prenant à la lettre, il s'accorde parfaittement bien avec rout ce que la Religion nous enseigne de la Majesté infinie des perfections de Dieu. Pouvant de plus satisfaire à la curiosité que vous avez d'apprendre comment toutes les actions les plus surprenantes des Bêtes se peuvent expliquer d'une maniere fort intelligible, n'ayant recours qu'à la seule disposition des parties de leur corps & aux divers mouvemens que le sang y produit par son action, ce que nous ferons une autrefois, où que vous pourez voir entre les mains de l'Imprimeur. Car il est temps de vous remercier, Mrs. de l'honneur de vôtre presence; pour ne point abuser d'avantage de vôtre patience par ma longueur; Et de vous demander excuse si l'eloqu ence de mon discours & l'elevation de mes pensées n'ont pas répondu à la Maj. d'une si noble Audiance.

L'on aura aussi raison Mrs. de me dire, que i'ay avancé icy plusieurs propositions, lesquelles, quoy qu'unpeu extraordinaires, n'ont pas esté assez poussées. Je vous l'avouë Mrs. n'ayant pu le faire en si peu de temps, & les reservant pour me servir de matiere à plusieurs autres discours que j'espere avoir l'honneur de vous faire.

LA BESTE
Transformée en Machine.

PAR

J. DARMANSON

Seconde Conference.

LA BESTE

Transformée en Machine.

SECONDE CONFERENCE.

Ce que nous devons croire des operations des Bêtes.

Bien que nous ayons fait voir d'une maniere aſſez claire dans nôtre premiere Conference que la connoiſſance & les paſſions que l'opinion commune attribuë aux Bêtes, combat les fondemens de la Religion, fourni des armes aux opinions les plus impies & les plus libertines, & ne s'accorde en aucune maniere avec les ſentimens que la piété Chrétienne doit nous inſpirer: cependant ce prejugé, aidé par les raiſonnemens apparans d'une fauſſe Philoſophie, a jetté des racines ſi profondes, que pour achever de mettre l'auditeur dans des diſpoſitions favorables à entrer ſans ſcrupule dans l'explication mecanique que nous entreprenons de donner de tout ce que nous appercevons de plus ſurprenant dans les Bêtes, nous devons lever deux obſtacles qu'ils y forment. Le Premier se tire des actions surprenantes des Bêtes, qu'ils croient ne pouvoir être expliquées sans le secours d'un principe de connoissance & par la seule disposition de la machine. Ils fondent le second sur la ressemblance qui se retrouve entre les actions des animaux & celles des hommes, lesquelles selon leur sentiment estant toutes causées par nostre ame, doivent aussi avoir un semblable principe dans les Bêtes. Voila le fort de leurs sentimens, ce sont là les derniers boulevars où ils ont accoutumé de se retrancher; mais qui ne nous seront pas insurmontables, si nous ôtons aux substances spirituelles & à tout ce qui est capable de connoissance le pouvoir de communiquer aucun mouvement aux substances corporelles, si nous montrons que nôtre ame n'a aucune part aux mouvemens les plus considerables de nôtre corps, & que s'il y en a quelques-uns auxquels elle semble participer, qu'elle n'en peut estre la cause veſe veritable, mais ſeulement occaſio-nelle.

Pour peu que nous ayons de connoiſ-ſance des principes de la véritable Phi-loſophie, nous ſçavons que l'on n'y peut faire aucun pas que par la connoiſ-ſance exacte de la diſtinction qui ſe re-trouve entre la ſubſtance ſpiritüelle & la ſubſtance corporelle & toutes leurs pro-priétez, qui ſont tellement ſeparées les unes des autres, que nous ne devons ja-mais attribüer à l'une ce que nous re-marquons appartenir à l'autre.

Si nous gouvernons nos penſées avec métode, cette diſtinction ne nous pa-roitra pas difficile à faire; nous l'apper-cevrons d'une ſimple veuë & nous re-connoitrons enſuite ſans aucun obſtacle les erreurs de nos prejugés & celles de l'ancienne Philoſophie, qui faute de ce diſcernement n'eſt qu'un Caos rempli de tenebres & de confuſion qui offuſque nôtre eſprit au lieu de l'eclairer, & ne ſert qu'à le faire deſcendre dans un de-gré encore plus bas que la ſimple ignorance; car si nous nous persuadons que par le secours de ses principes, nous pouvons estre instruits de la nature des choses, nous ne sommes plus dans la disposition de le pouvoir estre.

Nous n'avons que de deux sortes d'idées, idée d'esprit idée de corps; & ne devant dire que ce que nous concevons nous ne devons raisonner que selon ces deux idées.

L'idée que nous avons de tous les corps nous fait assez connoîtte qu'ils n'ont pas le pouvoir de se remuer deux même, un grain de moutarde non plus qu'une montagne ne peut pas se remuer de luy-même. Si nous examinons l'idée que nous avons des Esprits & des Intelligences finies, nous ne voyons point qu'il y ait de liaison necessaire entre leur volonté & le mouvement de quelque corps que ce soit; au contraire nous voyons qu'il ny en a aucune & qu'il n'y en peut même avoir, & qu' un Esprit n'a pas plus de pouvoir de donner le mouvement à un corps, qu'un corps en a de se le donner à soy-

à ſoy-même. Si nous voulons remuer le bras, nous avons beſoin d'eſprits animaux, nous devons les envoyer par de certains nerfs vers de certains muſcles pour les enfler & les racourcir ; c'eſt ainſi que le bras ſe remuë ; mais eſt-il beſoin de ſçavoir toutes ces choſes pour pouvoir remuer nos membres ? nullement, puis que ſouvant ceux qui n'en ont aucune connoiſſance les remuent avec beaucoup plus de dexterité que ceux qui en ſont les mieux inſtruits ; ce n'eſt donc pas nôtre Ame qui eſt la cauſe véritable du mouvement de nôtre bras, & ſi ce mouvement obeït à ſa volonté, elle n'en peut eſtre que la cauſe occaſionelle. Qui peut donc eſtre la cauſe véritable des mouvemens de nôtre corps comme de ceux de tous les autres : Si nous faiſons attention à l'idée que nous avons d'un Dieu, c'eſt à dire d'un Eſtre infiniment parfait & par conſequant tout puiſſant, nous connoîtrons qu'il y a une telle liaiſon entre ſa volonté & le mouvement de tous les corps, qu'il eſt impoſſible de concevoir qu'il veuille qu'un corps soit meu, & que ce corps ne le soit pas, & ainsi ne devant dire les choses que selon que nous les concevons nous devons conclure, qu'il n'y a que la volonté de Dieu qui ait le véritable pouvoir de remuer les corps. Gardons nous donc bien d'admettre dans les Esprits le pouvoir de communiquer quelque mouvement aux corps; non plus que dans les corps des formes, des facultez & des qualitez rëelles à la maniere de l'ancienne Philosophie, si nous ne voulons dérober à Dieu la force & la puissance qui luy sont tellement essentielles, qu'il semble qu'il y ait contradiction à dire que Dieu peut communiquer à l'homme ou à l'Ange le pouvoir de mouvoir un corps immediatement par luy-même & comme cause véritable: Car qui dit une cause véritable, dit une cause entre laquelle & son effet, nous appercevons une liaison necessaire; mais il n'y a que l'Estre infiniment parfait, entre la volonté duquel & les effets, l'esprit apperçoive une liai-

son

ſon neceſſaire. Il n'y a donc que Dieu qui ſoit véritable cauſe, & qui ait véritablement la puiſſance de mouvoir les corps.

Si Dieu pouvoit communiquer à l'homme ou à l'ange le pouvoir, il pouroit auſſi leur donner celuy de créer, d'annéantir & de faire toutes les choſes poſſibles, en un mot les rendre tout puiſſans & en faire des Divinitez ce qui n'eſt pas concevable.

Si nous faiſons dépendre par cette doctrine tous les mouvemens des corps de l'action & du concours immediat de Dieu, nous ſommes obligez par une ſuitte de raiſonnemens demonſtratifs, que l'on a expoſé ailleurs plus au long, de mettre toutes les operations de nos Ames & de toutes les Intelligences, dans une ſemblable dependance à ſon égard, de dire qu'elles ne peuvent rien connoître ſi Dieu ne les éclaire immediatement par luy-même, qu'elles ne peuvent rien ſentir, ſi Dieu ne les modifie & ne leur imprime ces ſentimens immediatement par luy-même, à l'occasion cependant de ce qui se passe dans les corps ausquels elles sont unies. Nous nous gardons bien de dire que les objets exterieurs soient la veritable cause de l'idée que nôtre ame en a, nous n'osons avoir recours aux especes expresses & impresses pour cela, nous rejettons bien loing ces formes, ces facultez ces qualitez ces vertus & ces astres réels capables de produire de certains effets par la force de leur nature à la maniere de la Philosophie ancienne toute payenne dans les sentimens aussi bien que dans sons auteur, & dont les principes ne tendent qu'à en établir la Religion. Nous mettons, dis-je, nôtre ame dans une telles dependance à l'égard de Dieu que nous nous éloignons même de dire qu'elle ait le pouvoir de produire des idées par elle-même, de peur de donner atteinte à la puissance & à la sagesse de son auteur, nous ne disons pas qu'elle contienne éminement ses pensées, comme parlent d'autres Philosophes, ny qu'elle qu'elle les apperçoive en considerant ses propres perfections, n'y ayant que Dieu seul qui ait ce privilege ; nous confessons tout aucontraire avec St. Augustin, que nous ne sommes pas à nous-mêmes nôtre propre lumiere, *Dic quia tu tibi lumen non es:* Nous mettons nôtre esprit dans une véritable dependance de son Createur, nous disons qu'il est tres-étroittement uni à nôtre ame par une presence tres-intime, ensorte que l'on doit dire, qu'il est le lieu des esprits de-même que les espaces sont les lieux des corps, & que nous ne pouvons rien appercevoir que dans luy-même disans avec St. Paul, *non sumus sufficientes aliquid cogitare ex nobis, tanquam ex nobis. Sed sufficientia nostra a Deo est* ; & qu'en Dieu qui éclaire le Philosophe immediatement par luy-même dans les connoissances que les hommes ingrats appellent naturelles, quoyqu'elles ne leur viennent que du Ciel : *Deus enim illis manifestavit.* C'est luy proprement qui est la lumiere des esprits & le pere des lumie-

lumieres *descendens à patre luminum*; c'est luy qui enseigne la sçience aux hommes, *qui docet hominem scientiam*, en un mot c'est la véritable lumiere qui éclaire tout ceux qui viennent en ce monde: *lux vera quæ illuminat omnem hominem venientem in hunc mundum*: Car il est juste que la creature soit spirituelle, soit materielle, ne puisse rien faire sans le.cours & la dependance du Createur.

Si donc nôtre corps obeït dans de certains mouvemens aux volontez de nôtre ame, ce n'est pas qu'elle agisse sur luy immediatement par elle même, elles ne servent que d'occasion à la cause universelle de luy imprimer ce mouvement, en consequence des loix générales qu'elle a établiës dans la premiere institution de choses; & lors que nous devons expliquer cette union admirable qui est entre nôtre ame & nôtre corps, nous sommes obligez d'avoir recours à la presence intime de nôtre Createur, qui êtablit immediatement par luy-même la dependance réciproque qui se retrouve

trouve entre quelques pensées de nôtre esprit & quelques mouvemens de nôtre corps, disant avec St. Paul : *In eo vivimus, movemur & sumus*; que nous vivons dans Dieu, que nous sommes dans Dieu & que nous sommes tout penetrez de Dieu.

C'est ainsi que nôtre Philosophie, Messieurs, n'accordant jamais son contentement qu'à ce qui luy paroit clair & evident doit mettre la creature dans une entiere dependance de son createur, non seulement pour ce qui regarde son existance ; mais encore pour ce qui touche toutes ses operations. C'est en quoy nous pouvons reconnoître la certitude de ses principes, puis qu'ils s'accordent si parfaitement avec ceux de l'Evangile, pour ruïner toutes les raisons des libertins & pour établir les fondemens d'une pieté solide, en nous enseignant qu'il ne faut aymer qu'un Dieu, puis qu'il n'y a qu'un Dieu qui puisse agir sur nous, & qui par consequent puisse nous rendre heureux ou mal-heureux. Nostre Philosophie

losophie nous fait connoître qu'il n'y a qu'une véritable cause comme l'Evangile nous apprend qu'il n'y a qu'un Dieu, l'Ecriture nous dit que toutes les divinitéz du Paganisme ne sont que des pierres & des metaux sans vie & sans mouvement, cette Philosophie nous decouvre aussi que toutes les causes secondes ne sont que de la matiere & des volontez inefficaces. En fin l'Ecriture nous deffend de flechir les genoux devant les Dieux qui ne sont point Dieux. nôtre Philosophie nous apprend aussi que nôtre imagination & nôtre Esprit ne doivent point s'abbatre devant la grandeur & la puissance imaginaire des causes qui ne sont point causes; qu'il ne faut, ny les aimer, ny les craindre, qu'il ne faut point s'en occuper, qu'il ne faut penser qu'à Dieu seul, voir Dieu en toutes choses, adorer Dieu en toutes choses; craindre & aimer Dieu en toutes choses l'Ecriture nous enseîgne que nôtre nature est corrompuë, que nous naissons tous enfans de colere, que nous avons besoin d'un liberateur & d'un médiateur, & les lumieres de nôtre Philosophie nous decouvrent, que Dieu ne pouvant créer la créature que pour luy, il ne peut avoir fait nôtre Esprit que pour le connoître & nôtre cœur que pour l'aimer, que nôtre nature est par consequent dans le desordre, puis qu'elle s'oppose à cette loy, nôtre esprit dependant à present de nôtre corps, nôtre raison de nos sens, & nôtre volonté de nos passions; que nous sommes dans l'impuissance de faire ce que nous voyons clairement, que nous devons faire: que nous devons par consequent avoir recoursà un liberateur, pour nous guérir de nos maladies & nous delivrer de la captivité de nôtre corruption. l'Ecriture nous condamne à une vie laborieuse & penitante, & nôtre Philosophie nous enseigne, que nous devons nous êloigner autant que nous pouvons de la joüissance des objets sensibles & de toutes les creatures, pour pouvoir plus facilement & avec moins d'obstacles nous unir

unir à nôtre Créateur, que par consequent l'Evangile qui nous enseigne toutes ces choses, est le plus solide de tous les livres, que c'est la voye la plus abbregée que nous ayons pour nous instruire de nos devoirs, & qu'ainsi Jesus-Christ qui en est l'Auteur connoissoit parfaitement la maladie & le desordre de notre nature, qu'il y a remedié de la maniere la plus utile pour nous & la plus digne de luy, qui le puisse concevoir.

Nous ne devons donc pas estre d'accord avec ceux qui s'imaginent qu'il n'y doit avoir aucun commerce entre la Théologie & la Philosophie & que ce sont deux sçiences entierement separées & qui ne doivent avoir aucune communication, ce qui est peut être véritable, si nous avons égard à la maniere qu'ils traittent cette derniere; & à la Philosophie payenne d'Aristote qu'ils prétendent justifier.

Mais je soutiens avec beaucoup plus de vèrité, que si nous ne nous servons

que

que de principes evidens, & que si nous ne raisonnons que consequemment selon ces principes, nous decouvrirons par ce moyen les mêmes véritez, que celles que nous apprenons dans l'Evangile, puis que c'est la même sagesse qui parle immediatement par elle-même à ceux qui decouvrent la vérité dans l'evidence des raisonnemens, & qui parle par les sainctes Ecritures à ceux qui en prennent bien le sens : & cette meditation a cet avantage, qu'elle sert à nous persuader par son evidence des veritez dont nous sommes seulement convaincus par l'autorité & la certitude des Ecritures saintes, & que nous pouvons par ce moyen convaincre d'erreur les impies, qui n'ayant aucun respect pour l'autorité des divines Ecritures, ne peuvent être redressez que par la voyë de la raison.

Trouvera-t-on donc encor des plumes & des langues assez medisantes ou assez ignorantes que pour condamner cette Philosophie, en poussant leurs calomnies

nies si loing, qu'ils osent l'accuser de jetter dans les cœurs des semences d'impiété & d'atheïsme, ce que la nôtre peut dire avec beaucoup plus de raison de celle qu'ils professent, & qui en sera enfin vaincue, puis qu'il est juste & necessaire que la vérité triomphe de l'erreur lors qu'elle en aura fait paroître evidemment les desordres.

Cette digression, Messieurs, qui paroît un peu eloignée de mon dessein, n'est pas cependant sans dessein, puis qu'elle innocente nôtre Philosophie des calomnïes dont on a taché de la noircir. Elle a cependant ce rapport avec le sujet que je traitte, que nous servant à nous persuader de la solidité des principes que nous mettons en usage, à cause de leur liaison avec les véritez que la foy nous rend infaillibles, & nous découvrant qu'il n'y a que Dieu seul qui soit la véritable cause de tout ce qui se produit dans la nature, que c'est inutilement que nous avons recours à une ame, & à un principe de connoissance autre que

Dieu

Dieu pour expliquer tout ce que nous voyons de plus surprenant dans les Bêtes ; & qui ne nous surprendront plus, lors que nous n'aurons recours qu'à la sagesse infinie de celuy qui les a formés, & qui les gouverne, quoique nous y decouvrions des choses beaucoup plus reglées & plus adroittes que dans les nôtres, par ce qu'estant dans un estat de corruption, il nous y reste une liberté corrompuë qui a le facheux privilege de mal determiner cette cause universelle, qui agissant toute seule dans le gouvernement des Bêtes, les exemte de quantité de desordres ou nôtre corruption nous engage : Car c'est l'auteur de nôtre Estre qui execute toutes nos volontez : *semel jußit, semper paret* ; c'est luy-même qui remuë nos membres lors que nous nous en servons contre son ordre, c'est aussi pour ce sujet qu'il se plaint par ses Prophétes que nous le faisons servir à nos desirs injustes & criminels.

Ce n'est pas que nous deussions croire

re que noſtre ame ait part à tous les mouvemens qui ſe font en nous, puis que nous ne devons luy rien attribuer, que ce qu'elle-même ſçait bien luy appartenir, ſuivant quoy nous ſommes obligez de reconnoiſtre qu'il ſe paſſe en nous une infinité de mouvemens independemment de noſtre ame.

Commençons par ce qui ſe trouve de plus admirable dans le corps de l'homme, qui eſt ſans doute la formation dans le ventre de ſa mere, il eſt conſtant que cela ſe fait ſans le ſecours d'une ame, cela luy eſt commun avec la Bête, & cependant tout ce qui nous ſurprend dans leurs operations & qui ſemble nous obliger de leur accorder quelque connoiſſance, n'eſt rien en comparaiſon de l'artifice admirable que renferme en ſoy la machine de nos corps & des leurs. Car qu'y a-t-il de plus merveilleux que la diſpoſition & l'arrangement de leurs parties? Ces os diſtribuez avec tant d'induſtrie, pour eſtre comme les fondemens & les colomnes ſur qui tout l'edifice de cette

cette machine doit estre appuyé ; les veines & les arteres répanduës par tout le corps, pour y porter la nouriture, la vie & la chaleur en même temps, les nerfs, les muscles, les tendons, les veines limphatiques, les veines lactées, tant d'autres tuyaux insensibles, en un mot, un million de parties que toute la sçience des Anatomistes ne peut decouvrir, que les yeux ne sçauroient appercevoir & qui passent même l'étenduë de nôtre imagination : Le cerveau seul suffiroit pour occuper les veilles & les meditations de tout ce qu'il y a d'hommes dans le monde sans qu'ils puissent bien developper l'œconomie, le nombre & l'usage de toutes les parties, dont il est composé. Les yeux sont des chefs dœuvres que l'on ne peut assez admirer : Ces tuniques, ces humeurs y sont disposées avec un si grand artifice, qu'il est impossible d'y apporter le moindre changement sans detruire tout l'ordre de la vision : Mais si la formation de nostre corps ne depend point des operations de nostre ame, il est aussi véritable qu'elle ne contribuë en rien à une infinité de ses mouvemens, qui se font independament d'elle & souvant même contre sa volonté, ce qui se passe dans toutes les maladies ne nous en persuade que trop. L'effort de nos passions l'emporte souvant contre toute la resistance de nostre ame, & font faire à nostre corps des mouvemens, qu'il luy est impossible d'empecher. Lors que nous parlons, nostre ame fait-elle attention à la diversité surprenante des mouvemens qui sont necessaires pour la parolle, pense-telle à pousser l'air des poumons jusque dans la bouche, à ouvrir la bouche en écartant les levres à la fermer en les rapprochant, à hausser, baisser, lier & mouvoir la langue de tant de façons ? nostre ame n'a aucune part â tous ces mouvemens, & personne ne dira qu'en voulant parler, il pense à autres choses qu'aux parolles qu'il veut prononcer.

Combien de fois nous arrive-til de prononcer une priere entiere, pendant que

que noſtre ame eſt appliquée à toute autre choſe ? Sans doute qu'il ne ſe peut rien trouver de plus merveilleux dans la Bête. Ce ne ſeroit jamais fait ſi nous voulions parcourir tout ce qui ſe paſſe en nous, independamment de noſtre ame : Je diray en un mot que nous devons nous detromper du prejugé commun qui nous fait croire que c'eſt noſtre ame qui donne la vie à noſtre corps, puis qu'elle conſiſte dans la circulation du ſang & dans les mouvemens propres pour ſa conſervation, au lieu que la vie de noſtre ame ne conſiſte que dans les operations de ſa penſée, qu'elle ne peut pas luy communiquer, puis qu'il luy eſt impoſſible de pouvoir le faire penſer. Elle ne peut non plus luy communiquer la vie par laquelle il ſe nourrit, & croiſt, &c. puis qu'elle ne ſçait pas même ce qu'il faut faire pour digirer ce qu'on mange, non plus que le faire ſentir, puis que la matiere eſt incapable de ſentimens, d'ou il nous eſt facile de conclure ; que ce n'eſt pas la ſeparation de noſtre ame de nostre corps qui luy cause la mort, en sorte que si une ame se separoit d'un corps qui seroit en parfaite santé, il ne laisseroit pas de vivre à la maniere de celuy des Bêtes. Nous devons aussi inferer de la, que quand nous serions dans l'impuissance de rendre des raisons mecanique des operations des Bêtes, d'une maniere aussi pertinente que fait un Orlogeur de tous les mouvemens de son orloge par la disposition des rouës, il ne faudroit pas avoir recours pour cela à la presence d'une ame qui n'y sert de rien, & qui embarasse plus cette explication qu'elle ne luy aide.

Mais il est temps d'entrer dans l'explication particuliere de cette machine. supposons auparavant, que l'auteur qui luy a donné l'estre est aussi celuy qui à formé toute la nature & qu'il a mis une telle disposition entre tous les corps qui l'environnent & qui peuvent agir sur elle, qu'elle sera disposée à s'eloigner de ceux qui pourront luy porter préjudice, & aucontraire à se mouvoir vers ceux qui luy seront convenables. Cela

Cela éstant supposé, considerons le plus sommairement qu'il nous sera possible les parties interieures d'un chien par exemple, en quoy je garderay le même ordre comme en ce qui me reste à dire, qu'un excellenr auteur a gardé en traittant avant moy de cette matiere, ne pouvant rien dire de plus adroit, & je n'ajoûteray pas tant à ses pensées que je les abbregeray pour ne point passer les bornes d'une conferance : car ce qui m'a determiné en partie à dire ce que jay avancé cydessus a esté pour procurer plus de croyance à la sçavante explication qu'il en a faite, en detruisant tout les autres moyens dont on voudroit se servir pour rendre raison des operations des Bêtes.

Ce que nous devons premierement considerer dans cette machine, c'est le cœur partagé en deux cavitez : l'une appellée le ventricule droit, & l'autre le ventricule gauche : Que les veines se terminent & se rassemblent toutes dans le ventricule droit, ou elles se dechargent du ſang qu'elles contiennent : Que ce ſang fait a fait qu'il y tombe goutte à goutte ſe rarefie & ſe dilatte par la chaleur de cette partie, & ne trouvant plus d'iſſuë par les endroits ou il eſt entré, par ce que ces portes ou valvules ne peuvent s'ouvrir que de dehors en dedans, il eſt obligé de s'échapper par trois autres du même ventricule qui ne s'ouvrent que dedans en dehors ou aboutit l'artere pulmonaire par où il eſt conduit dans les poulmons pour y eſtre rafraichi : Or les poulmons s'affoibliſſans lors que l'air dõt ils ſont pleins vient à en ſortir, ils pouſſent ce ſang qui eſt répandu dans toute ſa ſubſtance vers le ventricule gauche du cœur par un autre canal que l'on nomme veine pulmonaire, ou ſe rarefiant encore, il eſt obligé d'en ſortir par trois valvules qui luy ouvrent l'entrée de la grande artere, laquelle ſe diviſe en deux branches, l'une qui tend enhaut l'autre dans les parties baſſes, & qui ſe ſubdiviſent enſuitte en une infinité de petis ramaux qui portent ce ſang dans toutes les parties

parties du corps où se dechargeant dans les veines elles le reconduisent dans le ventricule droit du cœur & y circule ainsi continuellement ensorte que l'on suppute que le sang d'un homme passe au-moins soixante fois dans son cœur pendant l'espace de vingt-quatre heures; voila ce qui donne proprement la vie à nôtre corps aussi bien qu'à toutes les Bêtes, & aussitost que cette circulation cesse, l'animal cesse aussi de vivre ; nôtre ame ne donne donc en aucune maniere la vie à nôtre corps, puis qu'elle n'a aucune part à cette circulation qui est ignorée de la plus part & qui n'est decouverte que depuis peu.

Considerons ensuitte le cerveau de cet animal qui est une substance molle composée d'un tissu d'un nombre infiny de petits filets, dont quelqu'es-uns s'unissans en petits cordons, descendent dans toutes les parties du corps couvert de deux peaux qui ne sont que des alongemens des deux enveloppes du cerveau qu'on appelle dure & piemere & que lon nomme des nerfs

Dans ce cerveau on y voit encore quatre petites cavitez ou ventricules, trois pardevant & une par derriere; sur le passage du troisiême au quatriême, il y a une petite glande suspenduë, qu'on appelle *conarion*: Remarquons encore que cet animal a des muscles qui ne sont qu'un composé de fibres charneuses, de veines, d'arteres, de nerfs, qu'il se fait une dissipation continuelle d'un grand nombre, de parties du corps qui échappent à tous momens par les pors dont il est plein, & que le sang qui circule continuelement par toutes les parties du corps repare cette perte en reprenant la place de ces parties transpirées.

Les parties les plus subtiles du sang sortant du cœur montent à la teste par le tronc superieur de l'aorte par ce qu'il va tout droit, & que les corps qui ont plus de mouvement suivent toujours la ligne qui se detourne le moins. Ces esprits animaux qui ne sont que les parties les plus subtiles & les plus rondes du sang,

comme

comme une espece de vent & de fumée delicate, entrent dans les ventricules du cerveau dont ils tiennent les parois interieures écartées & les empechent de s'abaisser, de la s'insinuant entre les petits filets qui composent les nerfs, ils les tiennent tendus & empechent par ce moyen qu'ils ne s'entrelassent les uns dans les autres.

Mais comme le sang qui sert à nourrir le corps ou qui se convertit en esprits animaux se dissipe continuellement, ce qui causeroit en peu de temps la mort de l'animal, il arrive que lors qu'il passe le long de l'estomac, ce qu'il contient de parties tranchantes, & de la nature de celles dont le vinaigre est composé, trouvent des pores qui leur sont proportionez, par lesquels elles entrent dans l'estomac où elles piquent & ebranlent un nerf, qui fait une espece de couronne à son orifice superieur, l'ebranlement, de ce nerf est porté jusqu'au cerveau ce qui le fait ouvrir dans des endroits par où les esprits animaux venant à passer, coullent en abondance dans les muscles des jambes, qu'ils enflent de même que lair enfle un balon, ce qui les oblige de s'elargir, & de se racourcir par consequant & de tirer à eux la partie où ils aboutissent par un tendon qui y est attaché: Orchaque muscle en ayant un autre qui luy est opposé, & qu'on appelle antagoniste, il arrive que les esprits animaux estant determinez par le changement que le mouvement de ce premier exerce dans le cerveau à couler dans sons antagoniste, où il y a des valvules de communication de l'un & l'autre, ils ouvrent le passage aux esprits qui sont dans le muscle qui s'est mû le premier, & les font entrer dans celuy cy, ils ferment en même temps l'issuë à ceux qui descendent du cerveau dans ce dernier: de la vient qu'il s'accourcit à mesure qu'il s'enfle, & que le premier s'alonge à mesure qu'il se desenfle de là on peut facilement juger que si cela arrive successivement, le corps doit être transporté d'un lieu en un autre. Or

toutes

toutes les fois que cet animal aura faim (en prenant ce mot pour le seul mouvement qui se fait dans l'estomac & ensuite dans le cerveau) il sera necessairement transporté de côté & d'autre.

Si nous presentons un morceau de pain à un chien qui sera dans ces dispositions, il est certain par le rapport qu'il y a entre luy & tous les corps qui peuvent luy estre utiles, que l'impression que cet aliment fera sur les yeux en ebranlant les filets des nerfs optiques, doit estre porté dans le cerveau, où elle fera des ouvertures qui donneront passage aux esprits animaux pour couller dans les muscles dont l'action approchera le chien de cet objet ; d'abord qu'il sera arrivé proche de cet aliment, les rayons qui continüent d'agir sur le cerveau par les yeux, le trouvant un peu differemment disposé, par le changement de figure de l'œuil qui s'along à mesure qui l'objet est plus proche, ou les parties que s'exhalent du pain entrant dans le nez avec l'air de la respiration plus abondament qu'auparavant obligent les esprits d'entrer dans les muscles qui servent à remuer les machoires & à avaler les alimens.

Vous comprendrez facilement que ce mouvement des machoires pressant les glandes qui contiennent la salive & qu'on appelle pour ce sujet salivales, elle est exprimée dans le palais, ou se mêlant avec ce pain elle sert à en faire la premiere dissolution. Ce que je viens de dire est tres-facile à comprendre, si outre le rapport qu'à cette automate avec tous les autres corps qui l'environnent, on remarque aussi qu'il y a une tres-grande harmonie, entre toutes les parties dont il est composé, qui fait que le cerveau s'ouvre si à propos pour procurer à ce chien toutes les choses dont il a besoin pour son entretient.

Si nous considerons ensuitte ce que devient ce pain, nous le trouverons mêlé dans l'estomac avec quelque reste des alimens precedans, qui estant demeurez engagez dans les plis de sa membrane

brane interieure, se sont aigris & servent avec le suc acide, dont nous avons parlë, à exciter une douce fermentation par laquelle les viandes commencent à estre digerées & reduites en chyle qui est une forme de creme grisatc.

Le Diaphragme se haussant & se baissant successivement dans chaque respiration, oblige le chile à couler dans les intestins qui n'en sont qu'une continuation, où les parties les plus subtiles s'insinuent dans un nombre infini de petites veines qui y aboutissent. Ces veines que l'on nomme lactées portent le chyle par differans conduits dans la veine cave, ou circulant avec le sang il en acquiert la forme insensiblement; & c'est par ce moyen que les parties de cette liqueur qui servent à la nouriture & à la formation des esprits animaux sont reparez.

Lors que les fonctions continüelles où les esprits animaux sont amployez, en auront dissipé une grande quantité ensorte que le sang ne soit plus capable

 d'en

d'en fournir ſuffiſemment, pour tenir les parois des ventricules du cerveau écartées, & les filets des nerfs tendus, celles la s'afaiſeront inſenſiblement, & ceux-cy s'entrelaſſeront, ce qui fera que les objets ne pourront plus transporter leur action dans le cerveau, & ce chien dormira pour lors, juſqu'à ce qu'il ſe ſoit formé de nouvaux eſprits animaux, qui le mettent dans l'etat précedent qu'on nomme veille.

Ce que je viens de dire ne ſouffre aucune difficulté,il eſt cependant trés-evident que tontes les actions dont je viens de parler qui regardent la digeſtion & la nourriture ne requerent aucune penſée comme l'experience nous en perſuade, puis que toutes ces choſes ſe font dans nous ſans que noſtre volonté puis ſe l'empeſcher ou le commander.

La conſideration de toutes ces actions conduittes avec tant d'induſtrie, & menagées avec un ſi grand artifice par la ſeule harmonie des parties qui compoſent cet automate ſi artiſſement formé,

&

& dont tous les ressorts sont disposez avec tant de symmetrie, qu'on ne peut rien concevoir de mieux pensé & de plus delicatement travaillé, cette considera-tion dis-je doit estre suffisante pour nous persuader que puisque cette Beste n'a aucun besoin d'une ame pour toutes ces choses il n'en faut aucune aussi pour tous les autres mouvemens qu'elle fait qui ne-semblent pas demander plus de connois-sance que ceux que je viens d'expliquer.

Avant que de passer plus outre nous de-vons encore remarquer avec soing, que le cerveau estant d'une substance molle, est capable par consequent de recevoir & de retenir les impressions que les objets exterieurs y font, qui consistent dans la facilité, que les pores du cerveau, qui ont esté ouverts par leur moyen, conservent à s'ouvrir de la même manie-re ou deux-même, ou par la cours for-tuit des esprits animaux. Ou bien ces impressions ne sont autre chose que les traces & les vestiges que les esprits ani-maux laissent entre les fibres du cerveau

en

en baissant les poils qui sont herissez par dessus, de même qu'un homme qui passe dans un prez couvert d'herbes, fait une espece de sentier qui dure quelque temps & par où il est plus facile de passer la seconde fois que la premiere & la troisiême que la seconde.

Remarquons aussi que quand deux objets agissent ensemble, leurs traces s'unissent ordinairement, c'està dire que les esprits animaux qui par l'impression de ces deux objets ont coulé entre differentes fibres du cerveau, pour aller ensuitte enfler divers muscles, venant à se croiser dans leur route se mélent & n'ont plus qu'un courant qui ne va aboutir qu'à un des deux endroits, où les esprits eussent coulé sans cette jonction. Il s'ensuit de là premierement qu'il n'en resultera que les mouvemens qu'excitoit l'objet, dont l'impression qui estoit la plus forte a prevalû; secondement, il n'arrivera aucun mouvement de ceux qui eussent esté produits par l'action de l'objet le plus foible qui dans la suitte, quoiqu'il soit seul ne sçauroit agir sur le cerveau sans exciter les mouvemens qui accompagnent l'action de celuy dont les traces ont esté confonduës avec les siennes. Cette-jonction de traces ou d'especes, si vous voulez l'appeller ainsi se fait aussi tres-souvent, non seulement quand les esprits animaux se croisent dans leurs chemins ; mais encore lors qu'ils coullent assez prez les uns des autres : car l'un de ces deux courans ébranlant en passans la partie voisine de son lict, il oblige l'autre à se mouvoir du même côté, pour peu d'obstacle qu'il rencontre dans son chemin, si bien que glissans vers l'endroit où se meut le premier, par la facilité qu'il y trouve causée par la secousse des parties qui sont entre-deux, ces deux traces ou especes s'ünissent.

Ces choses estant supposées, commençons par expliquer ce qu'on appelle la discipline des animaux. Si je veux par exemple dresser un chien à se tenir sur ses deux pieds de derriere, je l'arresteray,

ſteray moy-même quelque temps dans cette ſituation, pour procurer aux eſprits animaux un paſſage libre & aiſé dans ces parties, & afin que les pores qui leur donnent paſſage acquerent une grande facilité à s'ouvrir toûjours de la même maniere: outre cela quand cet animal changera depoſture je le manaceray d'un bâton de ſorte que le cerveau s'ouvrant naturellement à cette veuë aux endroits qu'il faut pour le faire arrêter, & l'empécher de s'avancer vers le bâton, il n'y aura pas lieu de s'etonner s'il demeure ferme dans cette aſſiette, tellement que ſi je reïtere pluſieurs fois la la même choſe cette habitude deviendra par apres ſi forte, qu'il s'y tiendra apres deluy même.

Si l'on vouloit enſuitte l'apprendre à danſer au ſon du violon, on n'auroit qu'and il ſe tient ainſi de bout, qu'à marcher devant luy preſentant du pain, car il ſeroit diſpoſé à s'approcher de cet aliment & à le ſuivre: que ſi en même temps on fait jouer du violon; l'eſpece du ſon du ſon de cet inſtrument & celle du pain ſe joindront ſi bien, qu'aprés que l'on aura reïteré pluſieurs fois la même choſe, le ſeul ſon du violon ſera capable de faire danſer ce chien. Si nous voulons le dreſſer à la chaſſe, il nous y faut prendre à peu prés de la même maniere, ſi nous le battons lorſqu'il courra ſur la perdrix, l'eſpece de cet oiſaut & celle des coups que nous luy aurons donné s'uniront ſans doûte, ſi-bien qu'aprés que nous aurons reïteré la même choſe pluſieurs fois, la perdrix fera ſur luy la même impreſſion que le bâton; & comme il s'arrête en voyant le bâton, de même il demeurera ferme é la veuë de la perdrix au lieu de courir deſſus.

Si les chiens qui naiſſent de deux autres qui ſont couchans, chaſſent ſans être dreſſez, il ne faut pas s'en étonner, puiſqu'ils ont bien ſouvent dans le cerveau les mêmes traces qu'avoient leurs pere & leur mere, de la même maniere que les enfans naiſſent bien ſouvent avec des diſpoſitions aux maladies dont leurs parens ont été atteints.

Si

Si nous voulons que ce chien saute quand on prononce le Prince d'Orange, & qu'il aboie en entendant le nom du grand Turc, nous tiendrons un bâton tant soit peu elevé de terre & couché horizontalement, & ensuite quand il aura bien faim, nous luy presenteront du pain au de la du bâton en prononçant en même temps les paroles à l'occasion desquelles nous souhaitterons qu'il saute : il est clair qu'étant obligé de passer par-dessus le bâton pour venir manger le pain, il sautera dans cette rencontre; de la vient que ces deux especes s'unissent, aprés que nous aurous fait la même chose plusieurs fois, ce chien sautera ensuite aussi-bien pour les seules paroles, qu'il sautoit à la presence du pain : si au contraire nous le battons en prononçant le grand Turc, il est seur qu'il aboyera, ce qu'il fera ensuite toutes les fois qu'on prononcera les mêmes mots.

Ceux qui comprenent ce que nous venons de dire n'auront aucune difficulté de concevoir la raison de ce qui arrive dans toutes

toutes les autres occasions sans avoir recours à aucune connoissance pour expliquer la discipline des animaux.

Nous developperons sans peine ce qu'on appelle instinct dans les animaux, c'est à dire certaines actions que toute une espece de Bêtes font naturellement, d'abord que nous aurons remarqué que cet instinct se raporte toûjours exactement à leur conservation, car nous verrons de là qu'il ne peut consister que dans la disposition particuliere de leur cerveau quand elles naissent : ainsi un agneau fuit le loup parce que la veuë de cette Bête determine les esprits animaux à produire ce mouvement par l'economie naturelle du cerveau de l'agneau, car il ne se pouvoit rien ordonner de mieux pour la conservation, & de toutes les dispositions que son cerveau pouvoit avoir du createur, celle d'avoir des fibres qui s'ecartassent facillement pour laisser couler les esprits animaux dans les muscles qui servent à l'éloigner du loup, étoit la plus propre & la plus convena-

ble

ble que l'auteur de la nature pût luy donner.

Nous ne voyons rien assûrement de plus merveilleux que ce que font les abeilles, car on rapporte qu'elles choisissent un Roy qu'elles suivent & qu'elles escortent partout ; la raison est qu'il n'y a que luy de mâle dans chaque essein qui fait une telle impression sur elles, ou par les yeux ou par les oreilles ou par les narrines qu'elle les oblige à faire tout ce qu'elles font à son égard.

Elles sont determinées par le suc des fleurs qu'elles ont succées, par la presence de leurs compagnes, & principalement par les dispositions naturelles de leur cerveau, à batir de petites cellules qui sont toûjours exagones & rangées de la même façon, si bien que cette uniformité de leur maniere d'agir, dans laquelle on observe toûjours le même ordre, la même régularité & les mêmes circonstances, nous persuade qu'elles n'ont pas plus de besoin d'une ame connoissante pour conduire tous les mouvemens

mens que je viens de rapporter, qu'un arbre pour pousser des feuilles & des fleurs au printemps avec un artifice incomparable, pour produire des fruits en Esté ou en automne qui contiennent pour la plus part en abregé & en racourci tout l'arbre dont ils sont sortis, & pour se reposer enfin tout l'hiver comme dans un long sommeil, afin de reprendre des forces & de la vigueur, pour recomencer leur travail au printemps suivant.

Il n'est pas non plus necessaire d'avoir recours à quelque connoissance pour expliquer les differens emplois que les abeilles partagent entre elles. Les plus vielles ont soing du dedans de la maison par ce que la foiblesse de l'age faisant que les esprits & le sang, ou quelque chose qui en tient la place, manquant de chaleur ne les porte plus à sortir de leurs ruches pour aller à la provision, mais au contraire cette disposition les rend propres à bâtir leurs cellules, ainsi que le printemps dispose les arbres a pousser les fleurs, l'Esté & l'Automne des fruits, & l'hyver à se reposer. Le

Le ſoing qu'elles ont d'enſevelir les morts hors de leurs ruches provient de la mauvaiſe odeur qui en exhale, laquelle determine celles qui ſont en vie aux mouvemens neceſſaires pour cet effet, comme une plus grande ou une plus petite chaleur du Soleil oblige les fruits à meurir plûtôt ou plus tard & il n'eſt pas beſoin pour cela de chercher dans les abeilles une cauſe differante de l'organiſation que l'auteur de la nature leur a donnée.

Cette ſage prévoyance & cette précaution merveilleuſe qu'elles ont de ne manger que tres peu en hiver pour ne manquer jamais toutàfait d'alimens, vient de la rigueur de la ſaiſon qui diminuë le mouvement du ſang, bouche les pores du corps, & fait que la tranſpiration n'eſtant pas ſi grande, peu de choſes ſuffit pour reparer ce qui ſe diſſipe continuellement.

Mais quoy, cette juſtice qu'elles rendent ſi bien, cette oiſivée punie ſi rigoureuſement, ces loix obſervées avec tant

d'exactid'exactitudes, tout cela ne part-il point de quelque intelligence; tout cela part véritablement d'une intelligence; mais qui est dans l'ouvrier & non pas dans l'ouvrage: les abeilles chassent les bourdons qui mangent sans travailler, par ce que ceux-cy ne leur ressemblent point si bien que l'impression qu'ils font sur elles les portent au mouvement qu'il faut pour ce sujet de la même façon qu'un aimant en repousse un autre quand il luy est presenté d'un certain côté. Les combats qu'elles se livrent, la mort qu'elles souffrent & l'ardeur qu'elles font paroître dans leur travail quand leur Roy les visite, ces fonctions dis-je, viennent à l'occasion de deux mâles qui se rencontrent dans un essain; car suivant leur different temperament où la diversité de leurs deux Roys, elles sont excitées les unes à suivre celuy-cy, & les autres celuy-là, de la même maniere nous voyons tous les jours entre les hommes les uns aymer une personne que les autres haïssent; ce qui ne part pas immediatement de l'ame, mais des impressions differentes que la même personne fait dans deux cerveaux differemment disposez.

Quand leur Roy fait visitte, la disposition qu'il introduit dans leur cerveau fait, couler des esprits animaux avec plus d'abondance dans le cœur; de là vient que le sang s'y échauffe davantage & communique ensuite plus de chaleur à toutes les parties, & c'est de là qu'elles témoignent plus d'ardeur pour lors, de la même façon que nous experimentons que certains objets allument par leur presence un feu dans nostre cœur & excitent dans nous quelques mouvemens independans de nôtre volonté comme il arrive dans toutes les passions.

D'abord que l'hyve approche, les Hirondelles passent les mers, pour se garantir de la rigueur du froid, le retour ensuitte de la belle saison les rameine pour nous annoncer la venuë du printemps, & même elles ne manquent jamais de revenir dans la même maison

& au

& au même nid qu'elles avoient l'année precedante pour n'être pas obligées de travailler ſur nouveaux frais.

Tout cela dira-t-on prouve ſuffiſamment qu'elles ſentent venir l'hyver & qu'elles ſçavent qu'il ne fait point de froid pour lors dans les païs où elles vont hyverner, comme auſſi que la chaleur y eſt inſupportable dans le printemps, au lieu qu'elle n'eſt pas de beaucoup prés ſi grande chez nous. Je vous avouë que ſi les hirondelles & les autres oyſeaux de paſſage connoiſſent tout cela, ils ſçavent fort bien le ſyſteme du monde, la temperature de l'air dans les differens païs, & la diſpoſition en particulier de la terre à l'égard des planetes. Diſons donc que l'hiver commançant chez nous le changement qui arriue dans la chaleur de l'air cauſe une alteration notable dans les corps vivants & elle eſt telle dans les hirondelles qu'elle les determine aux mouvemens neceſſaires pour paſſer la mer; de même que l'on introduit dans une montre en la montant, oblige l'aiguille à se mouvoir vingt quatre heures par exemple & non pas davantage.

La chaleur devenant excessive dans les contrées où ces oyseaux sont allez, elle les monte, pour ainsi dire derechef, & les fait revenir précisement dans les lieux qu'ils avoient quittez l'année précedente plustost qu'aillieurs parce que les esprits ont beaucoup plus de facilité à couler dans les nerfs & dans les muscles, dont le mouvement les y conduit, que nulle autre part par l'habitude que les hirondelles ont contractées d'aller vers ces endroits-là, de la même maniere que si nous avons accoûtumé d'aller souvent en quelque lieu à une certaine heure, nous n'avons qu'à nous determiner à prendre cette routte & faire le premier pas, aprés lequel, quoyque nous pensions à autre chose nous poursuivons pourtant & nous nous rendons au lieu que nous nous estions proposés en partant.

Que cette régularité si exacte des mouvemens que font les hirondelles &

les

les autres animaux, ne nous obligent point à leur donner une ame pour les regler, puis que par la même raison il en faudroit donner une à la mer dont le flux & le reflux suivent si regulierement le passage de la lune sous le meridien; il enfaudroit donner une à un grain de moutarde & à toutes autres graines; car si on les plante â contresens, les racines qui sortent hors de la terre, se detournent & s'y enfoncent; & le germe qui s'estoit tourné vers la terre, se detourne aussi pour en sortir.

Il est vray que le mouvement des Bêtes marque une intelligence, mais ce qui se passe dans toutes les plantes en marque une aussi: Une plante se nouë d'espace en espace pour se fortifier; elle couvre sa graine d'une peau qui la conserve; elle l'environne de piquans pour la defendre, cela ne se peut sans intelligence: mais qui n'est point dans la matiere; mais seulement dans l'auteur de la nature qui en regle les mouvemens.

Il eſt impoſſible que le hazard regle le mouvement des planetes, il faut neceſſairement que ce ſoit une intelligence, infiniment ſage, infiniment puiſſante & qui ſoit entierement ſéparée de la matiere qui compoſe ces corps celeſtes, & la même qui nous a formé dans le ſein de nos meres, & qui nous donne l'accroiſſement auquel nous ne pouvons par tous les efforts de nôtre eſprit & de nôtre volonté ajoûter une coudée. Le mouvement ſi reglé d'une montre marque une intelligence qui en a ſi adroittement diſpoſé les rouës & les reſſors; mais qui en eſt entierement ſeparée. Ainſi dans les animaux il n'y a ny intelligence ny ame comme on l'entend ordinairement. Ils mangent ſans plaiſir, ils crient ſans douleur, ils croiſſent ſans le ſçavoir, ils ne deſirent rien, ils ne craignent rien, ils ne connoiſſent rien, & s'ils agiſſent avec adreſſe & d'une maniere qui marque intelligence c'eſt que Dieu les ayant fait pour les conſerver, il a conformé leur corps de telle façon qu'ils

évitent

évitent machinalement & ſans crainte ce qui eſt capable de les detruire, & qu'ils approchent ſans amour de ce qui peut contribuer à leur conſervation. Autrement il faudroit dire, qu'il y a plus d'intelligence dans le plus petit des animaux où même dans un ſeul grain de ſemence, que dans le plus ſpiritüel des hommes; car il eſt conſtant qu'il y a plus de differentes parties & qu'il s'y produit plus de mouvemens reglez, que nous ne ſommes capables d'en connoître.

Il n'eſt point neceſſaire de ſortir de ce ſyſteme que je viens d'établir pour donner une explication claire & diſtincte de toutes les autres choſes les plus ſurprenantes que nous appercevons dans les animaux ce ſeroit paſſer les bornes du temps de la conferance que je me ſuis preſcrit que de l'appliquer à d'autres exemples que ceux que j'ay rapportés. Ceux qui entendront bien ce que j'en ay dit pourront facilement en faire l'application.

Si l'on vient par aprés à comparer

nôtre explication à celle des anciens Philoſophes, la nôtre paroitra ſans doute beaucoup plus raiſonnable ; on n'appercevra dans celle-là qu'obſcurité & confuſion ; on n'y verra que de grands mots de categorematique, que des termes myſterieux d'eſpeces expreſſes, impreſſes, intentionelles, de facultez &c. qui ne reveillent en nous aucune ideé d'inſtincte & qui les ſatisfont cependant, eſtant appuyez ſur le ſentiment d'Ariſtote, dont la ſeule Autorité vaut mieux chez eux que toutes les demonſtrations de Decartes. Ces Philoſophes, dis-je, ſont tellement accoutumez aux tenebres, qu'ils font même profeſſion ouverte & declarée de vouloir les ſuivre, enſorte qu'un habile d'entre eux declare qu'il n'eſt point neceſſaire que les principes des choſes ſoient clairs & évidans, que l'obſcurité même leur ſied bien, & que la facilité des principes de Decartes, ſervoient à luy rendre cette Philoſophie ſuſpecte, *ipſa facilitate ſuſpecti,* Condamnons, Meſſieurs des ſan-

ſantimens ſi ridicules, entrons dans des diſpoſitions plus raiſonnables qui ſont de n'accorder jamais nôtre conſentement, en fait de matiere de Philoſophie, qu'à ce qui nous paroîtra clair, evident & démonſtratif.

F I N.

www.ingramcontent.com/pod-product-compliance
Ingram Content Group UK Ltd.
Pitfield, Milton Keynes, MK11 3LW, UK
UKHW031924260826
14628UKWH00003B/1398

9 782329 459165